AF243233

NOTICE BIOGRAPHIQUE

SUR

M. CHARLES LAHÉRARD.

EN VENTE:

A PARIS, À LA LIBRAIRIE AGRICOLE, 26, RUE JACOB.

—

NANTES,

IMPRIMERIE – LIBRAIRIE – LITHOGRAPHIE A. GUÉRAUD ET Cie,
QUAI CASSARD, 5, PRÈS DU PONT D'ORLÉANS.

—

1863.

Nous avons déjà, depuis quelque temps, annoncé que nous nous occupions activement d'un travail assez important et que nous avions l'intention de publier le plus tôt possible ; cet ouvrage aura pour titre :

Biographie des Auteurs qui ont écrit sur l'agriculture, la sylviculture, l'horticulture, l'arboriculture fruitière, la botanique et la pomologie, et des Hommes qui par leurs travaux ont concouru à l'avancement de toutes les branches de la science et de l'art agricole, ou connaissance et pratique de la culture générale des végétaux ; précédé de l'Historique des Sociétés, des Pépinières et des Établissements agricoles et horticoles, nationaux et particuliers, qui ont existé ou existent encore en France et à l'étranger.

Pourrons-nous mener à bonne fin une entreprise aussi difficile et pour laquelle il faudra beaucoup de temps ?

Nous avons déjà donné une idée de ce que nous désirions faire, en publiant une Notice sur les célèbres pépinières du monastère des Chartreux de Paris.

Notre intention est de faire paraître successivement des notices détachées des documents qui forment les richesses dont nous espérons composer notre ouvrage. Aujourd'hui, nous ne pouvons résister à faire mettre sous presse une notice très-intéressante sur les travaux agrico-horticoles de M. Charles Lahérard : nous la donnons telle qu'elle nous a été adressée par deux hommes que leur reconnaissance honore ; nous n'avons qu'à applaudir au sentiment de justice qui a dicté ces lignes, et à exprimer le vœu que beaucoup de bonnes fortunes de ce genre viennent faciliter et hâter notre travail.

J. DE LIRON D'AIROLES,

Secrétaire général honoraire de la Société d'Agriculture de Châlons-sur-Saône, etc., auteur des *Notices pomologiques*, etc.

Nantes, le 1er mai 1863.

NOTICE BIOGRAPHIQUE

SUR

M. CHARLES LAHÉRARD.

Se rendre utile à ses semblables, surtout à ceux que leur instruction peu développée et leurs ressources restreintes tiennent plus éloignés du mouvement progressiste qui s'accomplit de nos jours; leur montrer les véritables sources de la production, soit agricole, soit industrielle; leur indiquer les moyens assurés de les rendre plus vives et plus fécondes; les aider à se diriger, sans trop de mécomptes, dans la voie interminable du mieux; être, enfin, l'apôtre zélé du progrès et du bien, c'est là une noble mission que chacun apprécie, mais qu'il est donné à peu d'hommes de remplir.

Le bien est difficile à faire, précisément parce qu'il coûte des efforts, du dévouement, de l'abnégation. Que d'obstacles il faut surmonter, que de préjugés il faut vaincre, que de peines et de sacrifices il faut s'imposer pour décider un cultivateur à abandonner les procédés routiniers qu'il a reçus avec l'héritage paternel! Une puissante initiative, un désintéressement sans bornes, une persévérance qui ne se lasse point, des connaissances profondes : telles sont les qualités, éminentes autant que rares, qui font l'homme de progrès, et que nous trouvons réunies chez un fonctionnaire distingué de notre département, M. Lahérard, payeur du Trésor public à Vesoul.

Né à Bourbonne (Haute-Saône), et héritier d'une belle fortune, Charles Lahérard fut destiné par les siens à succéder à son père dans le notariat. Il fut envoyé à Dijon, puis à Paris, et il lui fallut s'enfoncer dans le dédale des lois. Les subtilités du droit ne purent convenir à un esprit pratique comme le sien : Lahérard quitta la basoche, et plus tard abandonna les liasses poudreuses de l'étude, pour se livrer sans réserve à la seule passion vraie qui l'a tourmenté toute sa vie, qui l'a suivi dans les positions les plus variées : l'étude de l'agriculture et de l'horticulture, à laquelle venait se joindre l'amour des champs, qui est aussi l'amour d'une sage indépendance et d'une douce liberté.

Rechercher les moyens de rendre la production agricole aussi avantageuse que possible sous tous les rapports, appliquer ces moyens, les enseigner ensuite; en un mot, être l'ami, le guide constant et dévoué du cultivateur, telle sera désormais la vie de Charles Lahérard.

Convaincu un des premiers de cette maxime, qui aujourd'hui est devenue banale à force d'être vraie : que la création d'une industrie se rattachant à l'agriculture est le plus puissant auxiliaire d'une exploitation agricole, il se rendit dans le Nord et dans la Belgique, pour étudier les cultures savantes de ces deux pays, et spécialement la culture de la betterave et la fabrication du sucre indigène.

Chez Mathieu de Dombasle, dont il eut l'honneur d'être l'ami, il apprit à connaître la puissance des instruments perfectionnés qui décuplent le travail et simplifient la main-d'œuvre, devenue si rare et si coûteuse aujourd'hui. Puis il passa quelque temps à Paris, pour y compléter son instruction par des études théoriques, et suivit différents cours, notamment ceux du savant M. Payen, avec lequel il se lia d'amitié.

Revenu à Bourbonne, Charles Lahérard s'empressa d'appliquer les connaissances qu'il avait acquises. De concert avec ses frères et Hugues Champonnoy, il fonda une fabrique de sucre, propagea

promptement la culture de la betterave et des plantes fourra-
gères, donna une vive impulsion à tout progrès agricole, et, aidé
de l'agronome Didieux, il s'occupa de l'amélioration des races
bovine, ovine et surtout chevaline.

Dirigeant en même temps ses travaux vers un autre but d'uti-
lité non moins évident, il démontra, par des faits, dans les bois
dépendant de sa ferme de Genrupt, la possibilité de repeupler les
forêts à peu de frais, et de boiser les mauvaises terres de diffé-
rentes natures, en essences résineuses et autres.

Mais ici les circonstances vinrent donner une autre direction à
ses travaux : ayant des capitaux importants engagés dans la filature de lin de Rollepot-lès-Frévent (Pas-de-Calais), il se vit forcé
de quitter ses occupations aimées, pour se mettre à la tête de
cette considérable entreprise. Là encore, il fit faire un grand pas
à l'industrie linière. Grâce aux machines perfectionnées qu'il alla
acheter en Angleterre, les produits de la maison Ch. Lahérard et
Cie ne craignirent plus la concurrence avec ceux des meilleures
manufactures anglaises. Des mentions honorables et des médailles
obtenues aux expositions d'Arras, de Saint-Quentin et de Paris
mettent ces faits hors de conteste.

Enfin, tout prospérait; la filature prenait une telle extension,
qu'elle était arrivée au point d'avoir cinq cents ouvriers à l'inté-
rieur et huit cents tisserands au dehors. Tout promettait à l'établissement la récompense due à ses soins persévérants, à ses
longs sacrifices, lorsque, dans la nuit du 11 au 12 juillet 1842,
il fut presque entièrement détruit par la foudre.... Ce qui mit le
comble à ce sinistre, c'est qu'il y avait alors en magasin une
grande quantité de marchandise fabriquée, qui n'attendait, pour
être écoulée, que le bénéfice promis par une loi de douane, venue
quelques mois trop tard !

La fortune personnelle de Lahérard fut d'autant plus compro-
mise, que, soit amour-propre, soit dévouement, il ne voulut pas
sacrifier un établissement qu'il avait si laborieusement édifié, et

qui pouvait renaître de ses cendres. Cette manufacture, aujour-
d'hui sous la raison sociale *Cohen et Cie*, continue à donner de
beaux bénéfices à ses actionnaires.

Le Conseil général du Pas-de-Calais vota aussitôt à M. Lahérard
une médaille d'or de cinq mille francs ; et, par sa délibération, il
recommandait à tout l'intérêt du Gouvernement la position de ce
digne manufacturier.

Retrouvant un ami dans le docteur Bixio, ancien ministre de
l'agriculture et fondateur du *Journal d'Agriculture pratique*, il
prit part pendant trois ans à la rédaction de ce journal, dont il
est resté depuis un des collaborateurs.

Enfin, en 1845, Lahérard, appuyé par la députation de quatre
départements, fut nommé payeur du Trésor public dans la
Vendée. Là, malgré la responsabilité d'une gestion difficile, cet
homme de bien trouva le moyen de se faire gratuitement professeur d'agriculture et d'horticulture. Ce cumul, qui n'est autre
que celui du dévouement, trouva sa sanction dans les régions
élevées du Gouvernement : par décision ministérielle du 9 juin
1846, M. Lahérard était chargé de la direction du cours d'horticulture à l'École normale. M. Lahérard est le premier qui ait
conçu cette heureuse idée de faire, dans les écoles normales, des
cours d'horticulture ; il avait compris que c'est le plus sûr moyen
de répandre dans les campagnes des connaissances horticoles.

Plus tard, le Conseil général de la Vendée exprimait ses remerciements dans des termes qui font le plus grand honneur à celui
qui en est l'objet : — « Grâce aux soins de M. Lahérard, payeur
« du département, l'École normale possède le bienfait d'un cours
« théorique et pratique d'horticulture, auquel il a donné toutes
« ses heures de loisir. Le Conseil saisit cette occasion de témoi-
« gner avec empressement à ce généreux citoyen la haute estime
« que sa science et son habileté inspirent, et la reconnaissance
« que mérite son dévouement si désintéressé. »

Nommé par avancement dans le département de l'Ain, ses

relations étaient d'avance indiquées : il se lia d'amitié avec un des hommes qui ont le plus écrit sur l'agriculture, le savant M. Puvis, dont le nom brillera longtemps de la double auréole que donnent la bienfaisance et le travail.

Peu de temps après son départ de Napoléon-Vendée, nous lisions dans le *Manuel général de l'Instruction primaire* l'article suivant, portant la signature d'un homme dont le témoignage en pareille matière ne peut pas être suspect :

« Paris, 5 avril 1851.

« Monsieur Lahérard, l'un des plus anciens rédacteurs du « *Journal d'Agriculture pratique,* payeur du département de « l'Ain, a passé quelques années en la même qualité à Napoléon-« Vendée. Horticulteur habile, convaincu que le goût et la science « du jardinage ne sauraient être trop répandus dans nos popu-« lations rurales, il voulut occuper à leur propagation les mo-« ments de loisir que lui laissaient ses devoirs de fonctionnaire. « D'accord avec le Directeur de l'École normale, quelques heures « chaque semaine furent par lui consacrées à l'enseignement du « jardinage. Ses leçons étaient prises sur les récréations, et « quand il était quelques jours sans venir à l'école, les jeunes « gens ne savaient comment lui en témoigner leurs regrets. « C'était à qui le conduirait près des arbres, près des couches, « près des plates-bandes.

« Le dévouement et le désintéressement de M. Lahérard ont « eu les plus heureux résultats.... M. Luneau, ancien député « de la Vendée et grand propriétaire dans l'île de Bon, sur les « bords de l'Océan, écrivait, il y a quelques jours, à M. Lahé-« rard : — Votre nom restera dans nos campagnes, où les jeunes « instituteurs que vous avez initiés à la science et à la pratique « du jardinage, propagent avec reconnaissance vos excellentes « méthodes. Un de vos élèves donne souvent un coup d'œil à « mon jardin, et dirige avec le percepteur, aussi votre élève, les « arbres qu'il m'a fait planter. »

« Monsieur Genner, le directeur de l'École normale, écrivait
« de son côté à M. Lahérard : — « Rien de plus beau que nos
« jardins en ce moment; il n'est pas un carré qui ne soit cultivé
« et ensemencé; nos plates-bandes sont couvertes de fleurs; tous
« nos arbres ont du fruit en abondance, et font l'admiration de
« ceux qui viennent nous visiter, par la régularité de leur char-
« pente.....

« Tous les beaux résultats que nous obtenons vous sont dus;
« nous n'avons qu'un regret, c'est de ne pas vous voir ici nous
« féliciter de nos succès et nous diriger encore. »

« Ces témoignages de gratitude sont pour M. Lahérard la plus
« flatteuse des récompenses, la seule qu'il ambitionne; il était
« impossible, en effet, de mettre plus de soin, plus de zèle,
« plus de dévouement dans l'utile mission que s'était donnée
« M. Lahérard.

« BARRAL. »

A Bourg encore, M. Lahérard continua ses leçons à l'École
normale, au Collége, au Grand Séminaire, dans les jardins particuliers....

Nous ne pouvons nous empêcher de reproduire encore l'article
suivant du journal déjà cité :

« Paris, le 19 juin 1851.

« Nous avons parlé, dans notre numéro du 5 avril, des excel-
« lentes leçons d'horticulture de M. Lahérard à l'École normale
« primaire de la Vendée. Nous apprenons avec un vif intérêt, par
« une lettre de M. Vincent, directeur de l'École normale de
« l'Ain, que M. Lahérard veut bien donner à cet établissement les
« mêmes soins. Nous citons les propres paroles de l'honorable
« Directeur :

« M. Lahérard continue ici de travailler, avec un rare dévoue-
« ment et un zèle infatigable, au perfectionnement de la culture
« des arbres fruitiers. Sa présence à Bourg est vraiment une
« bonne fortune pour la ville, et surtout pour l'École normale.

« Il donne à nos élèves-maîtres des leçons pratiques d'arboricul-
« ture ; il vient d'ailleurs presque journellement dans notre clos,
« pour diriger des travaux qu'il a fait commencer dès l'entrée de
« l'hiver. Notre jardin a déjà changé de face ; un très-grand
« nombre d'arbres venus de Paris, et des meilleures espèces,
« ont été plantés ; une grande partie du jardin a été défoncé,
« beaucoup de terre a été transportée, des allées nouvelles ont été
« établies, etc. : le tout, au moyen des bras de nos seuls élèves ; ils
« n'ont point reculé devant cette rude tâche, animés qu'ils étaient
« de cet enthousiasme que M. Lahérard sait partout communiquer
« autour de lui. Nous avons lieu d'espérer qu'ils feront comme
« ceux de la Vendée, qu'ils répandront dans les campagnes les
« excellentes leçons qu'ils reçoivent ici.

« VINCENT. »

Le Conseil général de l'Ain, imitant celui de la Vendée, lui vota, dans sa séance du 4 septembre 1851, des remerciements en ces termes :

« Le rapporteur expose que M. Lahérard a bien voulu donner
« gratuitement des leçons pratiques d'horticulture et d'arbori-
« culture aux élèves de l'École normale et à ceux du grand
« Séminaire ; que cet enseignement, qui atteste la pratique la
« plus éclairée, promet aux communes les meilleurs propagateurs
« des bonnes méthodes pour le choix et la conduite des arbres
« fruitiers, et qu'il y a lieu d'offrir des remerciements, au nom
« du département, à l'homme dévoué qui lui rend cet éminent
« service.

« Le Conseil adhère avec empressement et à l'unanimité. »

M. Lahérard ayant été nommé, sur sa demande, et toujours avec avancement, payeur dans la Haute-Saône, les journaux de l'Ain, qui alors étaient si divergents d'opinion, lui rendent à l'unisson ce témoignage si flatteur :

« Notre pays devra à M. Lahérard une grande reconnaissance
« pour les services qu'il lui a rendus en horticulture. M. Lahé-

« rard avait non-seulement le feu sacré de cette science si utile,
« si attrayante, mais il avait aussi le secret des meilleures
« méthodes ; il était riche d'observations qu'il a transmises dans
« ses leçons gratuites que suivaient les jardiniers et les amateurs.
« Ses enseignements, bien retenus, changeront peut-être la face
« de nos jardins pour les mettre au niveau des mieux cultivés.
« L'élan est maintenant donné.

« M. Lahérard suffisait à tout, allait partout où ses conseils
« étaient réclamés. Les jardins du Grand Séminaire, du Collége,
« de l'École normale, étaient ses terrains d'expérience, où, en
« présence des élèves, il donnait de précieuses indications. A
« tous ceux qui l'ont écouté, il a inspiré le goût de l'horticulture ;
« il en a fait comprendre les jouissances intimes : c'est presque
« déjà un bienfait accompli.

« Notre ville gardera le souvenir du zèle de M. Lahérard, de
« ses instructions, de son empressement à faire fructifier le
« jardin du pauvre comme celui du grand propriétaire. »

A Vesoul, comme dans les localités précédentes, M. Lahérard
imprime une grande impulsion au mouvement agricole. L'exposition universelle de 1855 l'en récompense par une grande
médaille d'or, et en 1857 la *Société impériale et centrale d'Horticulture* lui faisait écrire : « D'après un rapport sur vos travaux
« et le zèle que vous mettez à propager les bonnes méthodes
« agricoles, la Société vous a décerné sa grande médaille de
« première classe. »

L'École normale de Vesoul est assez heureuse pour voir
M. Lahérard diriger son cours d'arboriculture ; et, à cette occasion, M. le Ministre de l'agriculture, du commerce et des travaux
publics vient d'adresser à ce fonctionnaire dévoué, l'œuvre
monumentale en cours de publication, de M. Decaisne, accompagnée d'une lettre très-élogieuse.

Nous n'essaierons pas de retracer ce que M. Lahérard fait depuis
onze ans dans la Haute-Saône : leçons, conférences, conseils,

publications, inspections de fermes, créations de jardins, etc. etc. Dans ce pays si riche, si fertile, et qui pourtant fournit beaucoup à l'émigration des campagnes, M. Lahérard fait les plus nobles efforts pour fixer au sol les habitants des villages, et leur rendre la vie rurale douce, agréable et surtout assaisonnée des paisibles jouissances de l'aisance, qui est la véritable richesse.

Convaincu de plus en plus que c'est par l'enseignement agricole répandu pour ainsi dire à profusion, parmi les cultivateurs, par des hommes spéciaux et éminemment pratiques, qu'on parviendra à vaincre les habitudes routinières et à transformer enfin notre agriculture, depuis quelques années il a entrepris dans plusieurs villages, des conférences agricoles dont le succès n'est plus douteux aujourd'hui. Ainsi, à Vallerois-le-Bois, où les prairies naturelles manquent presque entièrement, on voit les propriétaires, guidés par les instructions qu'ils ont reçues, agrandir chaque jour leurs cultures de plantes sarclées et leurs prairies artificielles, se souvenant bien qu'avec les fourrages on obtient les meilleurs produits que puisse donner l'agriculture : la *viande,* le *fumier* et le *blé.* Déjà le nombre de leurs têtes de bétail s'est sensiblement accru ; bientôt il sera doublé et pourra permettre à ces laborieux cultivateurs l'établissement d'une fromagerie.

L'impulsion est si bien donnée, qu'on songe à se procurer des instruments perfectionnés qui simplifient le travail et le rendent moins onéreux.

M. le Préfet, dont l'initiative est si grande et si puissante, surtout en ce qui concerne le progrès agricole, aux intérêts duquel il est si entièrement dévoué, M. le Préfet, par une circulaire spéciale, vient d'autoriser les communes à faire pour elles-mêmes l'acquisition des instruments perfectionnés dont l'emploi sera jugé le plus utile aux intérêts des habitants.

Ces préoccupations si diverses, mais qui toutes tendent au même but, le progrès agricole, M. Lahérard, avec cette immense activité qui le caractérise et qui lui a créé plus d'une hostilité, sait les concilier avec les exigences de ses fonctions. Son service n'en souffre nullement : c'est l'opinion de MM. les Inspecteurs généraux des finances; c'est surtout celle du Gouvernement, qui a donné à cet éminent serviteur, de l'avancement sur place.

Nous nous plaisons à espérer qu'à cette distinction si bien méritée, il en sera prochainement ajouté une autre qui ne l'est pas moins. Le dévouement, lorsqu'il s'exerce dans un but aussi élevé et avec autant de désintéressement, est aussi du courage marqué aux empreintes de l'honneur, d'une belle intelligence et d'un grand cœur.

Besançon, le 5 janvier 1863.

Alphonse CARRIER,
Professeur d'Arboriculture à l'École normale de Vesoul, membre de la Société d'Agriculture, Sciences et Arts de la Haute-Saône.

Félix CHAUVELOT,
Professeur d'Horticulture à Besançon.

Nantes, Imprimerie-Librairie-Lithographie A. GUÉRAUD et Cie, quai Cassard, 5.